L'ENSEIGNEMENT

DU

FRANÇAIS

A L'ÉCOLE RURALE

Par M. Paul BEULAYGUE

INSTITUTEUR-ADJOINT

FOIX

IMPRIMERIE VEUVE POMIÈS

1897

L'ENSEIGNEMENT

DU

FRANÇAIS

A L'ÉCOLE RURALE

Par M. Paul BEULAYGUE

INSTITUTEUR-ADJOINT

FOIX

IMPRIMERIE VEUVE POMIÈS

—

1897

L'ENSEIGNEMENT DU FRANÇAIS

A L'ÉCOLE RURALE

Le sujet proposé aux instituteurs et aux institutrices du département de l'Ariège pour les conférences pédagogiques d'automne 1896 était le suivant :

De l'enseignement du français à l'école primaire et plus particulièrement à l'école rurale. — Méthode et procédés pratiques. — Examen de la méthode maternelle et de la méthode de traduction.

Le *Bulletin de l'instruction primaire de l'Ariège* (n° 58) a publié le mémoire suivant, présenté sur ce sujet par M. Beulaygue, instituteur-adjoint à Foix :

« Tout a été dit et bien dit sur l'importance qui s'attache à la connaissance de la langue nationale, et démontrer une fois de plus que la langue française est l'œuvre capitale de nos écoles serait plaider une cause gagnée depuis longtemps.

« Mais si l'on ne discute plus sur cette importance, on est encore loin d'avoir trouvé la méthode la plus rationnelle et la plus simple pour enseigner notre langue aux jeunes enfants et, en particulier, aux petits campagnards des écoles rurales. En général, les ouvrages de pédagogie admettent que lorsque l'enfant arrive à l'école il parle le français, et que le maître doit continuer seulement l'œuvre de la famille. La vérité est toute différente. Dans la très grande majorité de nos écoles rurales, les enfants viennent, entre 5 et 6 ans, ne sachant qu'un peu de patois et n'entendant chez eux que le patois. Telle est et telle sera longtemps la règle générale. S'il y a des exceptions — et il y en a certainement — elles ne feront que simplifier pour l'instituteur, sans les contredire, les conséquences que nous pensons tirer de cette règle posée en principe. Pour plus de clarté, distinguons dans ces sortes d'écoles deux périodes pour l'enseignement du français :

« 1° Un temps d'*initiation* pendant lequel les élèves doivent apprendre quelques mots et les formes les plus simples pour exprimer en français les notions qu'ils possèdent et les sensations qu'ils éprouvent.

« 2° La période d'*usage* et d'*étude*, qui dure jusqu'à la fin de la scolarité.

« Ces deux périodes ne correspondent pas à la division par cours. Leur durée peut être inégale pour les différents élèves : la première est finie lorsque l'enfant sait causer en français, lire et écrire.

« Pour cette première période, le problème à résoudre est donc le suivant : *Etant donné un enfant de 5 à 6 ans parlant uniquement le patois, comment peut-on le mettre en état d'exprimer ses idées et ses sensations en bon français, de lire et d'écrire dans la même langue , le tout avec le moins de peine et de fatigue possible pour lui?*

« Comment ce problème est-il résolu? Par une erreur au moins singulière, les enfants nouveau-venus à l'école — il ne s'agit toujours que de l'école rurale — sont ceux auprès desquels le maître s'empresse le moins. Jetés brusquement dans une maison où rien ne ressemble à ce qu'ils ont vu jusque-là, où l'on parle une langue étrangère pour eux, ils sont oubliés sur leurs bancs, et, pour toute leçon de français, ils ont la leçon de lecture. Oh ! les leçons de lecture à la méthode Michel ! Debout devant un tableau où sont écrites de toutes petites lettres que la baguette suffit à cacher, on lit interminablement *a, e, i, o, u, p, pa*, etc. Ceux qui ont la mémoire auditive un peu vive apprennent rapidement les lignes et les récitent sans les voir. Mais ils n'en sont pas plus avancés pour cela ; il leur faut attendre les autres, les distraits, ceux — et ils sont le plus grand nombre — que cette lecture n'intéresse pas et que l'on prend pour inintelligents ou mal doués. Avec ce système on met un an pour apprendre à lire.

« Quelques maîtres, et surtout des maîtresses, se rendant compte que cette leçon de lecture énerve les enfants, et d'autant mieux qu'on la fait donner souvent par un moniteur, mais, pensant qu'apprendre à lire avant toute autre chose est un mal nécessaire, ne se sont préoccupés que d'une chose : arriver vite au but. Plusieurs se flattent d'enseigner à lire à leurs élèves en trois mois. Je doute que ce résultat puisse être atteint à l'école rurale telle que nous l'entendons. Si le fait est vrai, il constitue la condamnation de ces maîtres, car rien ne montre mieux en même temps et les merveilleuses ressources de l'enfance et l'usage absurde qu'on peut en faire. A 5 ans 1/2 savoir lire, quand trois mois avant on ne savait pas un mot de français ! Mais lire quoi ? *La mu le du pa pe ou la pi pe de pa pa,* qui ne signifient rien du tout ? Qu'est-ce que cela prouve, sinon que, dans le même temps, cet enfant aurait pu apprendre quatre ou cinq cents mots dont il pourrait se servir pour parler français ? Et à quoi sert de lire quand on ne comprend pas ce qu'on lit; quand on ne reconnaît pas, écrit, un mot que l'on sait pourtant, mais dont l'orthographe ne traduit pas la prononciation ; quand, enfin, on ne peut lire que des textes préparés exprès et d'où l'on a écarté soigneusement toutes les difficultés de lecture et par conséquent les neuf dixièmes des mots de la langue ?

« On considère — et avec raison — qu'à la ville les enfants apprennent plus facilement à lire qu'à la campagne, et on en conclut — bien à tort — que les citadins sont plus intelligents — on dit plus *ouverts* — que les petits campagnards. L'erreur est grande. Le jeune citadin a généralement l'habitude de parler et d'entendre le français, voilà tout. Il est en avance de deux ou trois ans sur son petit frère des champs. L'instituteur rural doit rattraper cette avance par un travail particulier. Or, la lecture,

tant qu'on ne comprend pas tous les mots qu'on lit,
ne saurait être ce travail : voilà ce dont les instituteurs ruraux ne sauraient trop se convaincre. Le
langage est le plus puissant instrument d'analyse
qui existe. Mais, pour que celui qui lit comprenne
ce qu'il lit, il faut que, dans son esprit, chaque mot
lu se traduise en une image nette et que toutes ces
images se synthétisent rapidement en claire notion.
Plus on lit vite, plus doit être rapide ce travail
cérébral et intellectuel. On voit par là que, plus est
grande l'habitude de pratiquer une langue, plus il
est aisé d'apprendre à la lire, et qu'il est impossible
qu'on puisse lire — ce qui s'appelle lire — si l'on
n'a pas au moins la connaissance usuelle des mots
lus. Il faut donc renoncer, sous peine d'agir contre
la raison, à commencer par la lecture l'enseignement de la langue française à l'école rurale.

« Deux méthodes sont en présence pour donner
cet enseignement d'une manière rationnelle : la
méthode de *traduction* et la méthode *maternelle*.

« Enseigner une langue par la méthode maternelle, c'est suivre les procédés qu'emploie la mère
quand elle apprend à parler à son enfant. Par
définition, cette méthode — on examinera plus
loin si le mot méthode est bien à sa place ici —
exclut, quand on l'applique à l'étude d'une langue
nouvelle, tout usage de la langue que l'enfant
connaît déjà. Elle se distingue par là radicalement
de la méthode de traduction qui consiste à se servir
de la langue connue pour en apprendre une nouvelle, et dont le procédé principal est le suivant :
exprimer la même idée dans la langue connue et
dans celle qu'on étudie et s'efforcer de faire retenir
les deux formules, en s'aidant de règles et de

remarques en rapport avec l'âge des élèves.

« La méthode de traduction est celle vers laquelle les maîtres se sentent portés instinctivement. Son emploi systématique présente pourtant de tels inconvénients qu'en principe elle doit être rejetée.

« Il n'y a pas au monde deux langues qui, par leur construction et leur vocabulaire, se correspondent exactement. Sans doute, il existe une logique universelle, résultat de l'unité de l'esprit humain, qui met une ressemblance générale entre les langues les plus différentes dans le détail ; mais ce serait une erreur profonde de croire que deux langues ne se distinguent que parce que le même objet ou la même action y sont désignés par des vocables distincts. Or, on entretient cette erreur quand on emploie systématiquement la méthode de traduction. Encore, tant qu'il ne s'agit que de la traduction des vocables, le mal n'est pas grand ; mais on ne parle pas avec des mots détachés, à moins de ne faire que des énumérations ; les mots sont comme enchâssés dans des formes où leurs rapports sont exprimés, et la méthode devient néfaste quand on l'applique à ces formes, c'est-à-dire aux propositions et aux phrases entières. Le maître qui l'emploie en arrive à faire croire aux élèves que le français n'est qu'un patois sur lequel on transpose des mots nouveaux et que, pour le parler, il n'y a qu'à changer les mots tout en gardant les formes. Il enseigne ainsi un français énervé et banal, d'où sont exclus tous les mots qui n'ont pas leur correspondant en patois — et on sait combien ils sont nombreux — tous les idiotismes qui donnent une originalité à notre langue et qui en font, comme de toute langue, quelque chose d'unique au monde. Il est vrai qu'en guise de compensation il enrichit leur français des formes et des mots patois qui n'ont pas de correspondants dans notre langue nationale, ce qui aura pour effet de leur fournir un répertoire varié d'incorrections, d'impropriétés et de barbarismes. On voit combien peut être nuisible à l'enseignement du français la comparaison constante avec le patois. Or, les élèves ont une tendance naturelle à comparer les formes de la langue qu'ils apprennent à celles de la langue qu'ils parlent ; ils pensent dans la seconde ce qu'ils veulent exprimer dans la première : ce serait mal combattre cette tendance que de leur donner perpétuellement l'occasion de l'exercer. Quelques services que pût donc rendre la méthode de traduction dans l'acquisition du vocabulaire français, on fera bien de ne s'en servir que très peu et dans la mesure qui sera indiquée plus loin.

« Passons à l'examen de la méthode maternelle.

« Et d'abord, y a-t-il réellement une méthode maternelle pour l'enseignement des langues ? Qui dit *méthode* dit *ensemble de moyens coordonnés pour arriver à une fin précise et déterminée : l'enseignement d'une langue, par exemple*. La mère, quand elle apprend à parler à son enfant, se propose-t-elle en réalité de lui enseigner sa langue ? Il semble que non. Après lui avoir donné la vie du corps, elle veut lui donner la vie de l'âme. Sans doute, elle a hâte de se faire comprendre de son enfant et d'entrer en communication intellectuelle avec lui, mais ce qui la pousse d'abord à le faire parler, c'est son impatience de jouir du charmant babil qui remplira la maison. Ce babil est, au même titre que les mouvements des bras et des jambes, une manifestation de la vie, mais une manifestation d'un ordre plus élevé, que la mère est impatiente de saisir. Et la preuve que la mère ne cherche pas autre chose, c'est qu'elle ne se préoccupe pas des défauts de prononciation et qu'elle-même défigure les mots pour les mettre en état d'être rendus par des organes vocaux encore trop faibles. L'enfant répète d'abord ces mots, à peu près comme il répète les gestes, par instinct d'imitation. Un peu plus tard, il les redit parce qu'il remarque qu'avec cette musique mimée il fait comprendre ses besoins. Plus tard enfin, quand la vie intellectuelle s'est réellement éveillée en lui, il parle pour le plaisir de parler, pour se mêler à la vie ambiante. La mère a perfectionné son œuvre. L'enfant ne connaît pas sa langue, mais il la pratique. Si cette langue est le parler national, l'enfant de 6 ans est en état d'apprendre à lire ; dans le cas contraire, il faudra, à l'école, lui enseigner une autre langue sensiblement différente en s'interdisant presque de faire usage de celle qu'il parle. La question qui se pose est donc celle-ci : « *Peut-on, pour lui enseigner cette nouvelle langue, procéder comme a fait la mère ?* »

« Précisons l'œuvre de la mère. Elle n'a suivi aucune méthode, elle ne s'est pas préoccupée d'une gradation quelconque. L'acquisition des mots s'est faite chez l'enfant uniquement par transmission orale, au hasard des circonstances, sans suite ; les notions et les mots sont entrés parallèlement dans son esprit, en présence des réalités qui lui montraient constamment le lien entre le vocable et la chose qu'il désigne. Retirons à cet ensemble de procédés le nom de méthode et appelons-le : « *Manière naturelle dont les enfants apprennent à*

« *parler.* » Et cette manière est évidemment la bonne, puisque, sans fatigue, sans ennui, sans dégoût, elle a mis le jeune enfant en état d'exprimer sa pensée. Il faut donc la suivre si on peut la transporter telle quelle à l'école, ou l'imiter le plus possible dans le *cas contraire.*

« Or, la manière maternelle ne peut pas être transportée à l'école sans de profondes modifications. D'abord, il y a dans l'enfant qui commence à parler une situation qui ne se reproduit plus dans la vie. Puis, l'école est un endroit clos où l'élève ne retrouve qu'un nombre très limité des sensations qu'offre la vie en famille ou en plein air ; il n'y est plus seul de son âge, au milieu de personnes qu'il connaît bien, qui le caressent et qui lui parlent toujours son propre langage ; il s'y trouve, avec plusieurs autres, dont quelques-uns pensent et sentent exactement comme lui, pour quelques heures par jour seulement et avec un maître qui ne lui parle pas sa langue et qu'il redoute un peu. D'autre part, enfin, l'esprit de cet élève de 5 ou 6 ans n'est plus une table rase ; il y a là une mémoire fidèle, une intelligence qui s'est déjà éveillée, une somme de notions acquises et la possession d'un moyen d'exprimer ces notions. Cette comparaison n'est pas aussi désavantageuse pour l'école qu'on aurait pu le croire tout d'abord, mais elle place l'enfant dans des conditions si différentes de celles dans lesquelles il s'est trouvé jusque-là que la manière maternelle doit en être sensiblement modifiée. D'après les remarques précédentes, on peut ainsi fixer les règles de la nouvelle méthode :

« 1° Profiter du travail qui a été fait à la maison en tirant tout le parti possible des notions possédées **par l'enfant.**

« **2°** Le mettre en possession des vocables et des formes nécessaires pour exprimer ces notions , uniquement par transmission orale, comme a fait la mère, mais en suivant un ordre rationnel.

« 3° Quand l'enfant a la pratique du français, comme on peut l'avoir à son âge, lui apprendre à lire et à écrire.

« Ces règles étant posées et acceptées, voici, sommairement exposés, les procédés pratiques que comporte la méthode imitée de la manière maternelle.

« Tous les enfants de 5 ou 6 ans qui entrent à l'école rurale ont sensiblement le même fonds de connaissances : *noms* et *qualités* des animaux domestiques, des objets usuels de la cuisine et de la ferme, etc. Ils ont la notion de *un* et de *plusieurs*, de *passé* et de *présent* et un peu celle de *l'avenir* sous la forme : *demain*. En fait de conjugaison, ils pratiquent le présent de l'indicatif, le passé indéfini, le présent du subjonctif et surtout l'impératif. Ils savent exprimer ces notions en patois , sont capables de faire de petits récits, de toutes petites descriptions. Voilà le bilan commun.

« Tout instituteur devrait avoir un cahier fait par lui-même et pour son école, dans lequel ces diverses connaissances seraient classées en une vingtaine de groupes, se rapportant chacun à un ordre d'idées particulier et formant un chapitre. Chaque chapitre contiendrait le vocabulaire français, relatif à l'idée commune, et une série de propositions et de formes où ces mots entreraient, le tout sans trace de traduction. Ce cahier devrait contenir la matière de cent entretiens au moins.

« Dans chaque entretien, il faudrait faire apprendre d'abord les mots désignant des objets ou des actions. Au lieu de traduire le nom de l'objet du patois au français, il faudrait montrer l'objet, mimer l'action ou montrer l'un ou l'autre sur un dessin. On aurait recours à la traduction quand on ne pourrait faire autrement.

« Dès que l'enfant connaîtrait quelques mots, par exemple après deux mois des exercices précédents qu'il faudrait faire au moins deux fois par jour avec de fréquentes revisions, on pourrait commencer à faire apprendre des récitations très simples et, dans la mesure du possible, des chants. La langue française n'est pas précisément riche en poésies pouvant convenir à des enfants de 6 ans, mais on peut en trouver quelques-unes dans la *Comédie Enfantine* de Ratisbonne, dans les œuvres de J. Aicard et surtout dans le journal de Mme Kergomard. La qualité poétique n'est pas, d'ailleurs, ce qui importe le plus pour cet âge : une poésie très simple où tout peut être compris, c'est tout ce qu'il faut. L'important c'est de veiller à une prononciation rigoureusement juste, aussi bien dans le chant que dans la récitation.

« La leçon de français ainsi comprise pourrait durer au moins demi-heure chaque fois. Elle pourrait être donnée par le moniteur bien plus aisément que la leçon de lecture pour laquelle on l'emploie, parce que lui-même y trouverait un intérêt plus direct. Il faudrait seulement mettre entre ses mains le cahier dont il est question plus haut. Il y a, d'ailleurs, dans l'année, deux périodes pendant lesquelles les maîtres peuvent consacrer plus spécialement leurs soins aux tout petits enfants : en octobre, quand les grands ne viennent pas encore, en mai, juin, juillet, quand ils ne reviennent plus.

« C'est dans ces trois derniers mois que l'on pourrait songer à faire lire les jeunes élèves. Alors qu'ils savent parler, qu'ils comprennent ce qu'on leur dit quand on se fait petit jusqu'à eux, le moment est venu de leur dire que le langage ne se parle pas seulement, mais qu'il s'écrit à l'aide de signes appelés lettres. La lecture et l'écriture seraient apprises simultanément et comme en se jouant.

Quelques objections peuvent être faites, auxquelles il est aisé de répondre.

« 1° Si, pendant près d'un an, on laisse les enfants sans les faire lire, on n'aura pas la ressource de les occuper quelques instants chaque jour en leur faisant copier les lettres sur l'ardoise.

« *Réponse.* — En fait, les jeunes élèves restent parfaitement inoccupés quand on ne les fait pas lire. Quant à ceux qui, réellement, sont occupés à la copie prématurée, on leur fera mieux employer le temps avec du travail manuel : pliage, tissage, etc., et du dessin.

« 2° La méthode n'offre rien de nouveau. Ce qu'elle recommande, chacun le fait à propos de la lecture.

« *Réponse.* — Si on le fait à propos de la lecture, c'est qu'on reconnaît qu'il y a quelque chose de fondé dans cette nouvelle méthode ; pourquoi, dès lors, ne pas l'adopter elle-même, puisque :

« (*a*) L'ennui de la lecture gâte le plaisir que l'enfant aurait à causer naturellement et librement ;

« (*b*) La lecture n'offre pas les mots rationnellement groupés : au Nord comme au Midi, dans les contrées agricoles comme dans les centres miniers, les tableaux muraux contiennent les mêmes mots et on sait qu'il ne devrait pas en être ainsi ;

« (c) La station debout, qui s'impose pour la lecture collective au tableau mural, fatigue l'enfant et empêche de prolonger un entretien qui ne fatigue pas.

« La vérité, c'est qu'on n'a d'autre excuse qu'une habitude bien trop ancienne pour qu'on puisse l'extirper en un jour.

« Cette méthode n'est ni une hypothèse ni le résultat d'une fantaisie. Chacun l'a peut-être vue appliquer accidentellement. Qui ne connaît des enfants ayant appris à lire et à écrire seuls et sans aucune peine. Mais ces enfants-là savaient bien parler français. Les mots qu'ils épelaient, ils les avaient dits cent fois. Les lettres n'étaient plus pour eux des dessins bizarres et laids ne signifiant rien, mais de vrais signes qui servaient à exprimer quelque chose, leur nom, par exemple, celui de leur frère et de leur sœur. Et quel plaisir quand ils pouvaient écrire ces noms ! ce qui était, d'ailleurs, l'affaire de quelques jours d'exercice et de quelques heures de peine. Combien est lamentable, en revanche, le petit groupe des enfants de 5 ou 6 ans nouvellement venus à l'école ! Leurs yeux ahuris, leurs mouvements d'automates vers le tableau ou vers leurs bancs, leur air étonné quand on leur parle, tout montre combien ils sont dépaysés et négligés. Et pourtant ces têtes ne sont pas plus vides que celles des petits citadins, elles sont riches d'images variées ; ils parlent avec ceux qui les aiment, et un jour peut-être ceux-ci vaudront mieux que ceux-là...

« Vers l'âge de 7 ans 1/2 ou 8, la période d'initiation prend fin et le moment arrive où il faut procéder à l'enseignement méthodique de la langue et à l'étude des règles. L'élève de l'école rurale apprend la langue française pour exprimer sa pensée et pour comprendre celle d'autrui dans cette langue, soit oralement, soit par écrit. Or, il est plus aisé de saisir la pensée d'autrui par l'audition ou par la lecture que d'exposer la sienne propre, aussi, on peut poser en principe que *l'élève connaît la langue dans la mesure où il la parle et où il l'écrit*. C'est pourquoi, dans ce qui suit, on s'occupera surtout de la rédaction et de la conversation.

« Pour dire ou pour écrire quelque chose, il faut avoir : 1° des idées ; 2° des mots et des formes qui les expriment ; 3° l'habitude d'enchaîner les phrases dans un ordre logique. Tout l'enseignement du français à l'école doit donc tourner autour de ces trois points, inséparables dans la pratique, mais que nous examinerons successivement pour plus de clarté.

« (a) *Acquisition des idées*. — Les idées sont les connaissances dont se compose l'instruction de chacun. Plus on en a, plus est grande la part de vérité que l'on possède et plus on est capable d'en acquérir de nouvelles : la réflexion s'exerçant d'autant mieux que son champ d'action est plus vaste. Seulement, il ne faut pas confondre l'idée et le mot qui en est le signe. Qui dit idée entend notion claire et précise d'un objet, d'une qualité, d'une action. Celui qui est riche en idées ne prend pas l'apparence pour une réalité. Il sait peut-être peu, mais ce peu il le sait bien : c'est comme si un coin du monde était cristallisé dans son intelligence.

« Les idées qu'il faut faire acquérir à l'école

rurale doivent, avant tout, être *justes* et *pratiques*.
Par idées justes, j'entends des notions ne se recom-
mandant que de la science et de la raison, qui
dérivent d'une observation bien informée et où
n'entre rien de préconçu. Par idées pratiques,
j'entends celles auxquelles il faut faire appel chaque
jour, celles qui nous servent comme le pain quoti-
dien et qui se rapportent particulièrement au milieu
dans lequel on vit. On ne sait jamais trop, mais
comme les limites du savoir d'un homme sont
nécessairement très bornées, il est naturel de
connaître d'abord ce qui nous touche de près.

« Des idées, l'instituteur n'est pas embarrassé
pour en trouver : toutes les matières d'un enseignement encyclopédique, les circonstances de la
vie scolaire et celles qu'il peut faire naître au besoin lui en fournissent abondamment. La difficulté
est de les fixer avec toute la clarté désirable dans
l'esprit de l'élève et de mettre ce dernier en état de
continuer seul ses acquisitions. Pour qu'une idée
reste dans l'esprit, il faut qu'elle y entre une fois
avec toute la clarté possible. Dans ce but, assurons-
nous avant tout que l'élève comprend bien ce qu'il
dit et ce que nous lui faisons apprendre ; qu'il sépare
bien les notions les unes des autres, que l'objet
dont il parle se reflète dans son esprit en une image
bien nette. Pour faciliter ce lent travail d'assimila-
tion, ne nous hâtons pas d'abstraire l'enfant de son
milieu. Qu'il voie, comprenne et connaisse les objets
qui l'entourent les phénomènes qui se déroulent
sous ses yeux. Faisons-le causer sur les uns et les
autres. Apprenons-lui en même temps à lire dans
un dessin, exerçons ses sens. Aujourd'hui, les livres
illustrés sont à vil prix, les gravures assez bonnes

sont répandues. Familiarisons-le avec toutes les représentations du monde concret avant de lui parler de ce qu'il ne voit pas. Et quand nous lui parlons de ce qu'il ne peut voir, essayons de lui en donner une représentation. Renonçons plutôt à lui parler d'une chose si nous n'avons pas les moyens de la lui faire saisir.

« Notre propre langage doit être l'objet d'une surveillance toute spéciale. Nous traitons trop les élèves comme si leur esprit était entièrement vide, nous leur imposons nos idées et, qui pis est, nous les obligeons à les exprimer dans notre langue où abondent les termes généraux et abstraits. L'enfant n'est pas fait à ces termes. Le monde sensible seul le frappe. Si nous nous élevons trop, il ne nous suit plus, nous perdons notre temps et nous le rebutons. Rappelons-nous la réponse du bambin à qui son précepteur racontait l'histoire d'Alexandre avalant le breuvage préparé par un médecin qui lui avait été signalé comme décidé à l'empoisonner : l'enfant trouvait Alexandre très courageux... parce qu'il avait avalé sans sourciller une potion très amère. Il était trop jeune pour comprendre le sentiment éprouvé par le conquérant de l'Asie.

« Pour mettre l'élève en état de découvrir seul quelques idées, il faut développer en lui l'habitude de l'observation et de la réflexion, et à l'école tous les enseignements le permettent. Le moyen pratique est de faire trouver le plus possible à l'élève et de lui dire le moins possible.

« Mais toutes ces recommandations ne serviront à rien si, en même temps qu'on instruit l'enfant, on ne cherche pas à fortifier sa raison. L'écolier nous quitte jeune. Qu'adviendra-t-il de lui si nous ne l'avons pas muni contre cette tendance atavique si forte encore dans les milieux ruraux, à croire au miracle, aux panacées universelles? Songeons qu'après nous avoir quittés ces enfants seront soumis à toutes les influences de la parole et du journal. Quel mal peut être fait si leur esprit n'est pas capable de discerner le possible de l'impossible, la flatterie du conseil désintéressé et l'idée juste du paradoxe. Efforçons-nous donc, toutes les fois qu'une idée nouvelle se présente, quand nous sommes devant ces propositions étranges que les élèves formulent parfois ou que nous jugeons les paroles ou les actes d'un personnage, de mettre l'élève en présence de sa raison et de sa conscience. Faisons-lui juger la pensée, l'homme ou l'acte en toute liberté et en toute sincérité, apprenons-lui à faire usage de son bon sens. Habituons-le à faire acte d'être raisonnable : nous le mettrons ainsi en état de réfléchir et de juger dans les circonstances graves où il se trouvera plus tard.

« On objectera peut-être qu'à vouloir ne munir l'élève que d'idées pratiques et justes on se prive volontairement du profit et de l'agrément que l'on peut retirer de la fiction et de l'idéal. Il semble au contraire que l'idéal et la fiction doivent avoir leur place dans le plan d'éducation le plus systématiquement utilitaire, pourvu que cet idéal soit vraisemblable et cette fiction morale.

« *(b) Acquisition des mots et des formes.* — A mesure que l'élève acquiert des idées, il apprend les mots qui les expriment, et un riche vocabulaire suppose une richesse équivalente en idées. Quand on parle ou que l'on écrit, le mot et l'idée se présentent ensemble à l'esprit ; on voit combien il est important de bien connaître beaucoup de mots pour s'exprimer aisément. Seulement, à l'école rurale, on n'étudie guère les mots qu'au point de vue de l'orthographe. On ne cherche pas assez à les faire comprendre. Il en résulte que les élèves ont un petit vocabulaire de termes qu'ils emploient souvent mal.

« Il y a un moyen facile de donner à chaque écolier un vocabulaire relativement riche. Les programmes font défiler sous leurs yeux une grande quantité de vocables. Parmi ceux-ci, les uns sont d'un usage journalier et sont peu exposés à être oubliés ; d'autres s'emploient plus rarement et disparaissent de la mémoire aussitôt appris. Pour ces derniers, chaque élève devrait avoir, à partir de huit ou neuf ans, un cahier divisé en autant de parties qu'il y a de lettres dans l'alphabet et sur lequel ils seraient inscrits à mesure qu'ils se présentent. L'instituteur y ferait ajouter ceux que ses lectures personnelles lui feraient rencontrer et qu'on ne trouve pas dans les livres scolaires. Des revisions périodiques remettraient les uns et les autres en mémoire.

« Mais il ne suffit pas d'avoir la tête pleine de mots, il faut connaître le sens exact de chacun, et cette connaissance est une œuvre de patience. Indiquer le sens d'un mot c'est le *définir*. Chacun sait combien c'est là un exercice difficile et ingrat quand on le fait sans méthode. Quand on demande une définition à un élève, tantôt il répond par un synonyme, tantôt il donne soit la description, soit les usages de l'objet désigné par le mot. Quelquefois il fait pire ; faites-lui définir le terme *promenade*, il vous répondra : *c'est quand on se promène,* ou bien c'est *marcher*. Si un enfant en est là, il a tout à apprendre au point de vue de la définition des mots.

« Il faut habituer de bonne heure les élèves aux définitions en leur faisant acquérir par l'usage la notion de *genre* et *d'espèce*. Les objets, qualités ou actions se groupent, en effet, en espèces et en genres. Ainsi *coiffure* est un genre dont les espèces sont : *chapeau, casquette*. *Chaussure* est un genre par rapport aux espèces *soulier, sabot*. Mais *chaussure* et *coiffure* sont des espèces par rapport au genre *vêtement*. *Un mot doit toujours être défini par un mot de même nature (un verbe par un verbe, un nom par un nom) faisant connaître le genre, suivi d'autres mots qui distinguent l'espèce définie des espèces voisines dans le même genre.*

« Exemple : Un chapeau est une coiffure aux bords larges. Je définis un nom, par un nom, coiffure, qui désigne le genre, et j'indique le caractère spécifique du chapeau pour le distinguer des autres coiffures.

« Une plume est un objet scolaire (genre) qui sert à tracer les lettres avec l'encre (espèce).

« Il est aisé d'habituer les élèves à grouper les mots par genres sous les rubriques : *vêtements, aliments, articles de bureau, etc.*

« L'étude de l'*étymologie* et des *familles de mots* contribue à élargir le vocabulaire et procure de sérieuses facilités pour la définition. Il faut, bien entendu, se contenter de l'étymologie française, et, dans la définition d'un mot composé ou dérivé, au lieu des éléments grecs ou latins, il vaut mieux donner les mots formés avec chaque élément séparé pour arriver à la signification.

« Pour faire comprendre, par exemple, le mot *circonstance*, on fait remarquer que la première partie se retrouve dans *circuit*, *circonférence*, *cercle*, la 2ᵉ dans *stable*, *stature*, *statue*. *La circonstance est donc ce qui se tient autour de quelque chose, c'est le fait accessoire qui se tient auprès du fait principal.* Quant aux familles de mots, outre qu'elles étendent considérablement le vocabulaire, elles ont précisément pour objet de faciliter les définitions d'après l'étymologie. Elles peuvent d'ailleurs donner lieu à des exercices fort intéressants et variés, soit que le maître donne les mots et les fasse grouper par dérivés et composés, soit qu'il les fasse enchâsser dans des phrases qui en donnent la signification en même temps qu'un exemple de leur emploi, soit enfin qu'on dicte la définition et qu'il faille trouver le mot. Il faut éviter de faire chercher la *liste* des dérivés ou des composés par les élèves ; ils se trompent trop souvent et leurs devoirs sont trop faibles. Les maîtres qui n'auraient pas d'ouvrages trouveraient d'excellentes directions dans la *Lexicologie des écoles* de Gauthier et Pessonneaux, chez Nathan.

« L'étude des mots a pour effet de donner au style une qualité très importante : la propriété des termes. On vient de voir de quelle utilité sont, à ce point de vue, la définition et l'étymologie ; les exercices sur les *homonymes* et sur les *synonymes*, dans la mesure limitée où on peut les faire, peuvent rendre encore de très grands services.

« L'homonymie est avant tout une question d'orthographe ; je ne m'y arrête pas. Il n'en est pas de même de la synonymie qui a pour but de faire saisir les nuances les plus délicates de la pensée. Or, c'est un mauvais moyen d'enseigner les synonymes que de donner un terme et de faire trouver la liste des mots qui ont à peu près le même sens. Il faut avoir un texte sous les yeux, étudier la signification des mots dans ce texte et voir par quels mots on peut les remplacer.

« Cherchez les synonymes du mot *clair*. Un bon dictionnaire vous donne : évident, manifeste, public, notoire.

« Examinons maintenant les formes suivantes où entre le mot clair :

« Un feu clair (où clair a pour synonyme éclatant).

« Une chambre claire (ajourée, illuminée).

« Vaisselle claire (luisante, polie).

« Le plus clair de sa fortune (net, sûr).

« Eau claire (limpide).

« Tissu clair (lâche).

« Un son clair (net, aigu).

« Idée claire (simple).

« Un esprit clair (ouvert).

« Son droit est clair (évident, incontestable).

« Un profit clair (évident, incontestable assuré).

« Au clair de la lune (clarté, lumière).

« Clair a donc, suivant le cas, tel ou tel synonyme, et c'est ne rien savoir d'utile que de connaître les équivalents : évident, manifeste, public, notoire.

Ces exercices doivent être exclusivement oraux, mais aussi fréquents que possible. Tout au plus peut-on quelquefois les faire reproduire. Jamais il ne faut les donner à traiter directement aux élèves.

« Les mots ne s'emploient pas isolés ; ils sont reliés et forment des propositions ; celles-ci en se

réunissant forment des phrases. Propositions et
phrases se construisent suivant certaines règles que
la grammaire enseigne. C'est pourquoi on étudie
cette science même à l'école rurale. Mais la grammaire n'est pas une fin ; c'est un moyen d'étude
qui devrait surtout servir à développer l'observation. Or on perd trop de temps à faire de la grammaire proprement dite et on rend cette étude
particulièrement pénible par l'abus des règles.
C'est d'ailleurs du temps parfaitement perdu à en
juger par le peu qui reste de ce qui a été appris.

La grammaire que l'enfant a besoin d'emporter
de l'école devrait pouvoir tenir en cinq pages.
Quand même l'élève ignorerait certaines particula-
rités sur *même, quelque* et *tout*, sur *vingt* et *cent*, sur
les *participes suivis d'un infinitif*, ou se rapportant à
un *collectif*, sur *coûté, pesé, valu*, il n'y aurait pas
grand mal; il vaudrait mieux qu'il connût les *règles
générales de l'accord*, et, par un usage fréquent, la
conjugaison des verbes, la *correspondance des temps*, la
place des compléments et l'emploi de *qui, que, dont,* etc.
Mais que les maîtres ne donnent pas de règles sans
les déduire des exemples ; qu'ils en donnent peu,
les fassent formuler par les élèves eux-mêmes et
appliquer dans de nombreux exercices surtout
oraux. L'exercice oral a l'avantage d'être bien plus
long et moins fatigant, partant, beaucoup plus utile
que l'exercice écrit.

La construction de la phrase s'apprend par l'analyse grammaticale et logique. L'analyse n'est qu'un
exercice inventé pour amener l'élève à se rendre
compte du rôle des mots et de leur enchaînement ;
ce n'est pas autre chose qu'un procédé d'enseignement et on peut l'appliquer dès que l'élève a la

notion du mot distinct, c'est-à-dire vers huit ou
neuf ans, à l'école rurale. On ne saurait faire trop
d'analyse, rien ne met mieux celui qui lit en état
de comprendre, et celui qui écrit en état de corriger ses propres phrases. Si un élève fait une phrase
incorrecte et qu'il ne sente pas l'incorrection,
même quand on la lui signale, c'est qu'il n'a pas
compris l'analyse. Et c'est bien à tort que cet exercice passe pour rebutant. Au lieu de le faire porter
sur cinq ou six lignes, qu'on s'occupe seulement
de quelques mots dans un passage, de ceux qui
présentent une particularité, en laissant tous les
autres. Dans l'analyse logique, l'important c'est la
décomposition en propositions, et la relation des
propositions entre elles. L'élève qui se livre à cet
exercice doit avoir toujours présent à l'esprit ce
principe : *on analyse pour se rendre compte du
rapport des mots et pour bien comprendre une
phrase.* Si celle-ci est correcte et claire , elle est
bonne, quelles que soient les formes employées. Si
ces formes présentent une particularité, qu'on la
signale, qu'on l'explique, mais qu'on ne la traduise
pas en une autre forme substituée à la première.
Respectons les inversions, les ellipses, les pléonas-
mes, les syllepses et les gallicismes. Ce sont là
formes courantes en français et dont il faut acquérir l'usage. A plus forte raison faut-il renoncer
à l'habitude d'après laquelle tout verbe se décom-
pose en verbe être et participe présent. La phrase :
Je mange une pomme, est absolument correcte. Il
n'y a pas d'attribut ; pourquoi vouloir à tout prix
y en mettre un et dire : *Je suis mangeant une pomme.*
Enfin, sauf pour les jeunes élèves, il faudrait n'ana-
lyser que les phrases signées d'un nom d'auteur

classique afin de mettre l'enfant en présence de
formes vraies et non en présence de formes artifi-
cielles et manquant de variété. L'analyse encore
doit être faite surtout oralement.

« Il ne faut pas seulement se préoccuper du langage écrit, il faut aussi habituer l'élève à parler.
Celui de l'école rurale est, en général, peu capable
de parler d'abondance et un peu longuement sur
un sujet qui lui est même familier. L'art de la
parole est, en effet, le résultat d'un long usage et,
pour en faire naître l'habitude, on ne peut qu'avoir
recours aux formes toutes faites et à les apprendre.
Ainsi se justifie l'usage des *récitations* à l'école.
Mais la récitation proprement dite, celle des morceaux choisis de prose ou de vers, ne peut pas
rendre des services suffisants au point de vue de
la conversation. Le ton n'en est pas familier, la
pensée en est trop élevée. Il faut se servir de la
récitation des leçons. Chaque leçon doit contenir
quelques lignes à apprendre par cœur. L'élève en
tirera un double avantage : acquisition d'idées
précises et de formes usuelles. Des questions aussi
nombreuses que possible l'habitueront à tirer parti
de cette matière ainsi apprise et, peu à peu, il
apprendra l'art si difficile d'exprimer ses idées. Ce
n'est pas du premier coup que l'on arrive à énoncer
clairement ce que l'on conçoit bien.

« Enfin, pour enrichir l'esprit de formes usuelles
et courantes, on ne se privera pas du secours offert
par les proverbes qui expriment, dans une forme
consacrée par l'usage, des vérités générales telles
que l'expérience a permis de les formuler définiti-
vement. Commenter un proverbe est un excellent
exercice pour faire faire provision d'idées pratiques

et de phrases, et autant il serait prématuré et hors
de propos de faire disserter, par écrit, un enfant
d'école rurale sur une pensée, autant il peut y
avoir plaisir et profit à le faire causer à propos de
cette pensée.

« *(c) Du style.* — Savoir faire une phrase ne suffit
pas. Il faut encore, un sujet étant proposé, disposer
dans un ordre logique les phrases qui en expriment
les différentes idées. Celui qui parle ou qui écrit veut
faire passer dans l'esprit du lecteur ou de l'audi-
teur un ensemble de notions formant un tout. Ce
tout, il le divise en idées simples, exprimées
chacune par une phrase. Il faut que l'ensemble des
phrases produise une impression qui soit l'image
plus ou moins complète du tout. Les phrases
doivent donc être placées dans un ordre qui favorise
la formation de cette image définitive et c'est
pourquoi enchaîner ses idées est à la fois une
science et un art : une science, car il y a des règles
fixes à appliquer ; un art, parce que le talent de
chacun peut tirer de cet arrangement des effets
très divers. Sans doute, à l'école rurale, on ne peut
faire beaucoup de rhétorique, mais on doit, tout
au moins, donner aux élèves cette impression
qu'un certain ordre dans les idées s'impose, et il
faut le lui faire remarquer dans les nombreux
modèles que nous offrent les œuvres de nos grands
écrivains.

« Toutes les fois qu'on leur fait lire un morceau
bien composé ou qu'on leur explique un passage à
réciter, une partie des explications doit porter sur
l'enchaînement des idées. Presque toutes les fables
de La Fontaine, tous les portraits de Buffon et de
La Bruyère, la plupart des lettres de Voltaire et

de P.-L. Courier sont des modèles à proposer. Une fois par mois, cette explication peut donner lieu à un devoir écrit qui aurait pour titre : *Enchaînement des idées dans tel passage.* Ce travail n'est ni un plan, ni un résumé, encore moins une paraphrase. C'est le tableau des idées principales autour desquelles on groupe les parties accessoires et qui montre comment le passage est construit et développé. L'ensemble doit être évidemment beaucoup plus court que le morceau expliqué.

« L'étude de certains morceaux peut donner lieu à un exercice opposé que j'appellerai une *amplification* et qu'il ne faut pas confondre avec le développement « d'une matière ». Il consiste, quand on a distingué les idées dans le passage proposé, à développer chacune d'elles de manière à avoir une composition quatre, cinq, six fois plus longue que le sujet de l'exercice. L'exercice d'amplification doit se faire plus souvent oralement que par écrit.

« Les conseils et les recommandations adressés aux élèves en ce qui concerne les phrases et leur enchaînement doivent trouver leur application dans la composition française hebdomadaire. Dès l'âge de huit ou neuf ans, à l'école rurale, l'élève doit faire des rédactions. Ce seront d'abord des récits lus et reproduits de mémoire, ou des comptes rendus de choses vues ; puis des exercices d'invention qui auront été préparés ensemble en classe ; des lettres se rapportant à des circonstances déterminées et précises de la vie pratique. En général, à l'école rurale, une rédaction doit avoir toujours pour pivot un fait précis. L'élève pourra agrémenter son récit de réflexions personnelles, mais le récit doit toujours lui servir de fil directeur.

On ne saurait trop l'exercer à la *description* et, à ce point de vue, les notions de sciences enseignées peuvent être d'un grand secours. La description d'une expérience faite, d'une machine, d'un fait quelconque est un excellent moyen d'obliger un élève à saisir une idée principale et directrice et de la séparer des idées secondaires. Le grand défaut de nos écoliers c'est de mettre toutes les idées sur un même plan. La description est l'exercice qui les prépare le mieux à discerner le principal de l'accessoire.

« Le nombre de rédactions diverses à faire à l'école doit être aussi grand que possible. Malheureusement le temps manque pour les corriger et on ne peut guère aller au delà de deux par semaine, soit une composition française et une rédaction se rapportant à l'histoire, à la géographie ou aux sciences. Comme l'exercice écrit contribue puissamment à fixer les idées dans l'esprit, on est obligé de recourir aux devoirs par questions et réponses. Il faut exiger que toute réponse soit une phrase correcte et qu'elle ne contienne que l'essentiel.

« La correction de tous ces devoirs doit se faire de façon que tout le monde en profite et que chacun sache exactement, quand il s'est trompé, en quoi consiste sa faute et ce qu'il aurait dû écrire. Le maître facilitera son travail et évitera aux élèves bien des chances d'incorrection en exigeant systématiquement des phrases courtes.

« Il y a un exercice qui me paraît plutôt nuisible qu'utile à l'école rurale : c'est la traduction écrite de vers en prose. Si l'on traduit un passage réellement poétique on le défigure complètement. S'il s'agit d'un récit, d'une fable de La Fontaine, par exemple, mieux vaudrait la faire raconter librement que d'imposer la contrainte d'une traduction vers par vers, ou phrase par phrase. Les élèves qui nous préoccupent ne pousseront pas assez loin leurs études de français pour qu'il soit sans danger de leur laisser employer mal à propos des expressions de la langue poétique.

« Nous ne songeons pas, en effet, et pour cause, à faire de nos élèves des écrivains. Qu'ils expriment leurs idées clairement, avec correction, c'est tout ce qu'on leur demande. Mais on peut essayer de leur faire sentir le charme de la belle poésie par la lecture ; il faudrait aussi leur laisser cette impression que la langue est quelque chose qui vit, meurt et se renouvelle, et que certains hommes, Corneille, Racine, La Fontaine, V. Hugo, sont célèbres parce que, tout en se servant des mêmes mots que tout le monde, ils ont donné à leur style une physionomie particulière, un cachet personnel, quelque chose d'original que chacun sent, mais qu'on ne peut imiter. De plus, avec les grands élèves, il y aurait quelquefois plaisir et profit à mettre en parallèle le patois et le français. Le patois a des ressources que le français n'a pas, mais c'est une langue insuffisante pour répondre aux besoins d'une société polie et jouissant d'une civilisation avancée. Rien ne met mieux ce fait en lumière que l'embarras dans lequel on se trouve quand on veut traduire en patois un passage d'un classique. Cette comparaison fait comprendre à l'élève que, s'il ne doit pas rougir de son patois, il doit mettre tous ses soins à étudier le français.

« *(d) De la lecture des romans.* — Pour que l'enseignement du français à l'école rurale soit aussi complet qu'il peut l'être, il faut apprendre aux élèves à lire un livre. Pour lire un livre avec fruit, il faut en avoir une certaine habitude : il faut posséder soi-même des connaissances sérieuses pour chercher à bien comprendre ce que l'auteur a voulu dire, pour discuter mentalement avec lui. A cette condition seule pourtant un bon livre paraît au lecteur ce qu'il est réellement, l'acte de foi d'un honnête homme, qui n'a pas voulu garder ses idées pour lui seul et qui sème le bon grain. Malheureusement, peu d'élèves et d'adolescents peuvent tirer parti d'un livre, et ceux qui lisent ne se préoccupent guère que du côté anecdotique. Sans doute, à mesure que l'instruction progresse et que les connaissances s'étendent et se précisent, nos bibliothèques ont plus de lecteurs, mais elles sont loin de rendre les services qu'en attendaient leurs fondateurs. Il semble donc que l'instituteur rendrait service aux futurs adolescents en lisant chaque année deux ou trois livres, à l'école, devant tous les enfants qui sont en état de le comprendre. Plus tard, ces élèves ne se refuseront peut-être pas à lire les bons livres que le maître leur recommandera. Parmi les ouvrages que tout élève devrait avoir entendu lire au moins une fois à l'école, je ne puis m'empêcher de citer :

« *Le Tour de la France par deux enfants*, la touchante odyssée des deux jeunes Lorrains à la recherche d'une famille et d'une patrie ;

« *Les Enchantements de la Forêt*, de Theuriet, où la poésie des bois, les grâces de l'enfance et les fictions à la Perrault remplissent des pages toujours trop courtes pour le lecteur ;

« *Sans famille*, d'H. Malot, l'*Histoire d'un petit*

homme, de M. Robert Halt, romans délicieux en leur simplicité et qui font tant aimer la vie de famille ; et surtout

« *Le Roman d'un brave homme,* d'Edmond About, où tous les devoirs d'un homme se trouvent exprimés en un langage admirable et dans une histoire d'un intérêt parfois poignant.

« Dans tout ce qui précède, il n'y a sans doute rien de bien nouveau, mais je voudrais qu'une impression s'en dégageât. Dans l'enseignement du français, le maître doit être simple, original et personnel. On perd beaucoup de temps dans les écoles parce qu'on ne s'affranchit pas assez du livre. Les meilleurs ouvrages scolaires, justement parce qu'ils doivent être employés dans toutes les écoles et dans tous les milieux, ne conviennent spécialement à aucun. Le maître doit leur faire subir une adaptation. Il peut leur emprunter la matière de son enseignement, mais cette matière doit être par lui vérifiée et appropriée. Les quelques procédés pratiques indiqués dans ce travail tendent uniquement à ce but. »